Cristina Vizuete Villegas

Lo escribí pensando en ti.

Dedicado a mi familia,
quienes siempre me dan cobijo, cariño,
y todo su apoyo incondicional.
Y a Dios, que con su amor, hace que todo sea posible

© Cristina Vizuete Villegas
© Lo escribí pensando en ti
ISBN papel: 978-84-686-8337-9
ISBN digital: 978-84-686-8338-6
Impreso en España
Editado por Bubok Publishing S.L

A tus manos que llegué
          para rimar tu vida,
con mis palabras.

<u>**Cuando me despierta el sol**</u>

Cuando el sol despierta,
despierta luz en la mañana.

Cuando un tenue rayo de luz
se atreve a entrar tímido por la ventana.
Ya está resonando en mí tu nombre,
cuando el sol acaricia mi cara.

Habla de ti una sonrisa que nace desnuda
retorciendome las ganas
se viste el dormitorio de ilusión
y busco tu perfume entre las sábanas.

Estás lejos,
sé que no te hallaré aquí
pero la camisa que dejaste
me ayuda a sentir
que yo no te invente a ti, y tú no me inventaste.

Despertar en esta realidad
es como estar vivo en un sueño.
Tu amor es lo más grande,
ya es tuyo cuanto tengo.
Y solo ansío más y más.

Eres agua y yo desierto,
Eres
ese abrazo que nos dimos
mientras se paraba el tiempo.
Eres arte y yo tu lienzo
Eres el culpable de que ahora mis abrazos
tengan hambre de tu cuerpo.

*Eres sin duda responsable
de que no encuentren un fin
para nuestro cuento.*

Se escapó un sueño
dejando un agujero
que en el pecho corrompe y se hace hueco.

Las lágrimas de vez en cuando se arrojan
buscando entre el viejo dolor, algo nuevo.
Con esperanza de curar y dejar puro,
lo que tal vez,
nunca lo fue.

Camino entre cristales, intentando no pincharme,
pero el cristal cortante, atravesará en algún momento,
mis pies desnudos.

¿Será verdad que la soledad no me comerá?
Para cuando empiece a encerrarme en mi locura
la vida acabará y hallaré en la oscuridad, la luz de la cordura.

Será esa luz, tal vez. De la que muchos hablan. La
que querrá dejarse ver, para no esconderme nada.
La que caminará por mí, si mis pies no sienten la planta.
¿Sentiré por fin que no me come el dolor de mi mente?
¿Me dará tiempo a lanzar una frase más al aire?
¿O entre un pensamiento vagabundo, me ocurrirá de repente?

La tristeza llamó a mi puerta hoy como siempre,
pero esta vez no me sentí tan fuerte,
y no pude hacerle frente.
Ya no se que haré, siempre es la misma historia…
Un día vuelas y al otro tus falsas alas te delatan.

Sueñas que tuviste algo en tu vida, y solo hay fotos,

en una caja de hojalata.

Tal vez la vida pasó
y como tantas cosas me perdí.
Seguro
que me ausenté, cuando se repartió el oro,
y tal vez, me tocó cargar la plata.

Lloran hoy las palabras, llora la tinta, llora el alma.
Cayó por mi mejilla un sentimiento convertido en agua,
voló sobre un papel, mojándolo de poesía que delata,
lo fuerte que es el egoísta, y lo débil, el que ama.

"Mantén a tu lado a todo aquel que sea algo positivo en tu vida.
Y sé fuerte para dejar atrás a todo aquel que te lastime, y no te aporte nada más."

No sopla el viento.
No hace frío, ni calor.
No hay sonrisas, ni lamentos.
No hay miedo
y no hay valor.

Me pregunto si se habrá parado el tiempo
o soy yo, quien ha olvidado su reloj.

Por fin una hoja tímida se desprende,
se marcha de su casa para volar en soledad.
El viento acude de repente,
y empuja suave, un poco más allá.

Se despiertan en mí las horas,
y oigo de fondo un "tic-tac".
No olvidé mi reloj y ahora,
me veo obligada a regresar.

Camino desandando lo andado,
pero un poco más sabia que cuando hice
este camino por primera vez.
No venía más que soñando
y ahora marcho convencida
que además de desearlo,
has de creer.

Me acompañan vagando conmigo,
los fantasmas del ayer
que lejos de darme consuelo y abrigo
me hacen sentir desnudo el frío.
Para recordarme que si tanto me quejé de ellos,

y no hablé del temporal,
fue porque nunca me faltó cobijo
Y es verdad.

En cada una de esas historias,
que tan amargas se recuerdan,
fui enteramente feliz en un instante...
Y aunque fue breve,
fue suficiente
para cambiarme.

De cada lección se me hizo un examen.
Y nadie me prestó un pupitre para tumbarme.
Sin embargo se escribió en mí,
y tengo tantas páginas como rato hable.
Y tengo tanta tinta, como plumas en el mundo falten.

Y si algo es cierto,
es que los años no los cumple el cuerpo,
y que cada año estás más lejos del inicio,
y más cerca de tí mismo.
Y para cuando faltes ten por seguro,
que esto que te digo,
lo habrás por fin
entendido.

*Hay que sonreír primero,
para que el mundo te devuelva la sonrisa.*

<u>La dama de noche</u>

Dama desconocida,
  familiar y fría
vestida de negro
que cuando la vida se acorta
  tú confirmas si se termina.

  Tú, la misma
que a tu antojo robas
las almas que amamos
   y te las llevas
¿A dónde las llevas?,
  ¿A dónde vamos?.

  Tú que coges camino
dejándonos como consuelo,
el consuelo de un destino.

Desnudas el alma,
  brindando con lágrimas,
  la pérdida que se siente
   cuando te alejas.

  Tú que no das respuestas.
  Sabiendo qué decir,
  no dices nada,
tan solo te marchas,
   siempre acompañada.

Que no tenga que verte la cara,
que no veas la mía destrozada,
 no quiero verte aun sabiendo,
que nos veremos cuando me vaya.

Búscame cuando las poesías
se asomen por las ventanas
para ver al cartero pasar.

Pues esperan una carta,
que tal vez no llegará.

Búscame cuando las flores duerman de día
y huyan del jardinero
que las quiere regar.
Porque no quieren bañarse,
si no pueden hacerlo en el mar.

Búscame cuando tu mirada
véase deteriorada
sobre ese tono marrón.
Porque será cuando comprendas,
cómo te miraba yo.

Sal a pasear, cuando quieras comprobar,
que el sol como siempre calienta
a quien le sale a buscar.

Y no digas nada
cuando entiendas,
que no escribe más el que un día ya no inventa.
Y que nada tiene,
quien no escucha, ni lo intenta.

Sé sin duda que ese día del que hablo,
la esperanza habrá fallecido de edad.
Las calles ya no estarán,

y se habrán pintado las aceras,
del color de la carretera,
y todo lo que veas
llevará un disfraz.

El arcoiris será del color del cielo,
y el sol... El sol ya no estará.

Que tan triste es una carta de amor, en manos,
del amado que no sabe leer.
Como esta poesía en mis labios,
a los que quiere volver.

Búscame el día en que las llamas
quemen todo recuerdo.
Porque ese día yo seré el incendio, y tú...

Tú no sé, disculpe, ¿Quién?

"Nunca le des tanto protagonismo a nadie como para cambiar las cosas buenas que hay en ti"

Arranca en mis labios una palabra.
Hazla rimar con tu voz.
Juega con el deseo, y
¡Ahogala en un mar de dudas!
Para que muera profunda,
si se atreve a cuestionarse.

Toma mi pelo en tus dedos,
y yo, imitaré tu gesto...
Que se desprenda de ambos,
el aroma, que llevamos impreso,
y que viaje en el aire
para buscar refugio en el presente,
¡Que muera en partículas!
Si pretende vivir siempre.

Que un sentimiento se vista
de rojo terciopelo,
tiñendo agresivo todo recuerdo.
Que nazca el segundo en el que la poesía
baila entre los sentidos,
para hacerte preso.

Mírame a los ojos y confúndete
al no advertir qué es lo que pienso.
Borra mis huellas si me voy,
o espérame
aunque veas que estoy huyendo.

Que mis pies descalzos caminen en silencio,
que brille mi suave piel,
tras tus recuerdos.

El jardín

Aprendí a reír antes que a amar.
Aprendí a llorar después de amar.
Y olvidé reír,
después de llorar.

Recordaba hablar, pero tardé mucho
en querer volver hacerlo.
Y lo hice sólo, cuando fue el momento.
Lo fue cuando entendí,
que debía volver a aprender a vivir.
Y aprendí a vivir, únicamente,
viviendo.

Hay vida en ese jardín, porque
hay flores que nacen, plantas que crecen
cada vez más fuertes,
y otras,
que han muerto.

Tú
eres quien decide
soltarse
o
aferrarse

Corre una brisa fría,
en esta vieja estación.

Llevo una maleta con sueños,
y esperanza de verlos hechos,
en el corazón.

Me cambié de andén,
ya no persigo luchar
por viajar al pasado,
lo he estado pensando…
Cogeré el tren de mi presente,
para no volver.

Tus ojos me buscan al otro lado de la vía
puedo ver en ellos que no crees, que lo vaya a hacer.
A este lado sin embargo, mi mirada pasiva
perdió las ganas un día,
de explicarte más "por qué".

Nuestro beso final será mi partida,
será tu rabia, será mi nostalgia…
Pero será mi despedida.

Veo gente con maletas, con mochilas…
Dispuestos a tomar el mismo tren.
"El tren de la esperanza"
que para, solo unos segundos,
porque lleva tanta prisa,
que no deja que lo pienses,
por si acaso te arrepientes,
y te quedas,

para verte perder el tren.
Para ver cómo se van así tus ganas a escondidas,
por aferrarte a caer,
una y otra vez.

Me despedí de tanta gente,
preparando poco a poco este viaje,
que aún estando todavía aquí presente,
ya noto todo tan diferente,
que todo me invita a marcharme.

Mas no podría quedarme aunque quisiere,
aunque mis ganas más profundas suplicaren,
y el miedo a lo desconocido me gritare.

No podría enfrentarme a fallarme a mí misma,
ni a condenarme a estar abajo de nuevo,
contigo como única salida, del salón del dolor,
y a su estrecho patio.

Necesito abrirle al corazón una ventana,
darle boca,
darle alas…
Darle sueños…

Y no como tú me enseñaste:
Darle nada.

El verdadero amor, existe

Cada página en blanco,
cada lágrima caída,
cada relación fallida.

Cada mes de enero,
cada primavera,
cada beso, cada abrazo,
cada despedida.

Cada vez que quise hablar y no me fié de nadie,
Cada vez que sentí mi cama grande
y vacía.

Cada noche que abracé mi almohada,
cada tiempo en blanco,
cada madrugada.

En cada una de éstas cosas escondí una pena.

Un sentimiento dentro que no entendía.

Sin duda me faltaba algo.
Lo tenía todo y me sentía vacía.

Cuando me amaron de verdad,
entendí qué era lo que no tenía.

A mi alma le robaron un pedazo,
y le pusieron tu nombre.

Desde entonces te he buscado sin saberlo.

He besado buscando tu beso.

Han dormido a mi lado, llenando tu hueco.
He intentado cubrirme tu falta.
Y siempre me perdoné tras no llenarla.

He peleado,
buscando tu cara que aún enfadada,
se resignara entre el amor y el miedo, a que me
vaya...

Encontrando en cambio, orgullo y desamor,
de quien
no le importaba nada.

He echado de menos tus besos sin saberlo.
He echado de menos tu abrazo y tu olor,
y tu manera de deshacerme a tu antojo.

He echado de menos tus caras de enfado,
y los ojos con que me miras,
pensando siempre, que valgo,
todo lo que tú imaginas.

Espero no tener que volver a echarte de menos.
Sé siempre mi mitad, sé mi cuerpo, sé mi amigo,
mi eterno compañero, y mis ganas más vivas.

El viento

Pasó una hoja peinando los prados.
No sé si fue hoy, o pasó ayer.
Pero buscando volaba,
y volando, tan solo buscaba,
un sitio donde caer.

El aire dejó de llevarla,
y aunque ella quería irse con él,
no se aferró y cayó resignada
en un sitio que no imaginaba,
pero aprendió a integrarse con él.

...

Un día como hoy, hará ya un mes;
Salió una mujer de su casa
y con paso cansado,
llegó hasta el andén.

El tren que cogió la llevaba,
y mientras viajaba pensaba
en lo que dejaba éste tras él.

Sin embargo yo sigo aquí en este banco,
y nada se conmueve ante el cambio.
Aunque éste venga gritando, y me lleve a otra parte,
para hacerme más sabio.

Y aunque al tren lo mueva "el hombre",
y éste se crea que mueve las vidas que lleva.
Las cosas las mueve tan solo el aire.
Soplando con una mano, y dejando la otra

de "mano certera".
El hombre tan solo cambia de sitio las cosas,
las cambia de nombre...

...

Pasó una mujer caminando otro día,
pisó la hoja,
que en su zapato la acompañaría,
hasta que un galán caballero la avisase,
por cortesía.

Y hablando los dos
llegó la noche.
Que llegó hasta allí,
porque le cedió paso "el día".

Y si tan solo hubiese soplado un segundo menos el aire...
Si la hoja se hubiese aferrado, luchando por no resignarse...
Si la mujer no hubiese tomado el tren,
por miedo a llorar al pasado, de lejos...
Si el galán hubiese olvidado su abrigo en un perchero,
Y hubiese sin más, ido a buscarlo;
La vida efímera, tranquila, callada...
Se hubiese seguro,
conmovido ante el cambio.

Por tanto,
si un "primer verso" no hubiese sido escrito,
no hubiese podido venir,
un "segundo" a rimarlo.
El mundo tendría un verso menos,
Y no habría unos labios para susurrarlo.

Si tú has leído este poema,
el viento sin duda,
te trajo
para decirte algo.

"Valora todo lo que pasó en tu vida,
lo bueno y lo malo, te hizo ser quien hoy eres"

<u>**En mi ventana**</u>

La vida sigue tras la ventana,
apacible, serena,
sin prisa.

Pero el tiempo no espera,
y siempre se lleva
el sol con la brisa.

El tiempo me amenaza.
La espera no existe,
y un único momento
se muestra solitario,
cuando se va su segundo,
cuando se va su minuto,
cuando la culpa se exime.
y yo sigo aquí.
Esperando que las cosas caminen solas,
lejos,
muy lejos de mí.

Cansada de decidir,
los caminos que quiero tomar.
Cansada de portar
en la espalda las consecuencias,
sin poder escapar.

Quisiera parar el tiempo,
visitar distintos futuros
y tomar decisiones sobre visiones
que no estén distorsionadas por el humo,
de éste incendio imparable

que busca quemar,
todo lo puro.

Y caminar sobre claras y cristalinas aguas,
no interactuar más,
hasta que no esté preparada.

Llevo un tiempo viviendo en horas
y días prestados.
Sin prestar especial atención
a nada.

Deshojando margaritas,
para que aprendan como yo,
lo que duele el amor,
cuando te precipitas.

Hasta aprendo palabras que digo desatadas.
No soy consciente aunque lo tenga delante,
realmente,
de nada.

El tiempo me aclama,
las decisiones que un día tomé,
hoy me llaman.
Y gracias a ellas me muevo aún,
sin ser consciente
de cuanto pasa.

Me muevo arrastrada, dibujando ondas en el tiempo,
que son consecuencia de la piedra,
que un día en mis aguas fue tirada.

Me llevo conmigo cosas,
se encaprichan conmigo.
Pero yo solo busco portarlas,
tan solo las cambio de sitio.
Las alcanzo a la otra orilla,
las hago más sabias...
Aprendo también con ellas,
pero no busco nada.

Soy la portadora,
tan solo un medio.
Porque todo avanza,
avanza deprisa,
y yo aquí parada.
Viendo tras la ventana,
cómo se va el sol con la brisa.

<u>**Fuerte secreto**</u>

Si por cada cien versos que escribiese,
escribiese tu nombre... Atrevida yo,
sorprendido tú.

No se nombra lo que el tiempo esconde.
Lo que tanto tardó en borrar.

Igual que no se reconstruyen las pisadas en la arena
que borró la mar.

Tu merecido castigo fue el olvido.
Mi secreto,
ésta lucha por olvidarte.

Limpio y seco guardé el puñal
que utilizaste, y sin embargo...
Tras cien versos
aparece tu nombre. Inerte,
intacto.
Manchado de dolor, con menos luz que antes.
Pero íntegro.
Como si la fuerza de un tornado pasó y apenas logró,
apenas,
despeinarte.

Como si el tiempo hubiese querido taparte el rostro
y apenas hubiese logrado,
logrado apenas,
dibujarte.

Cuan vulgar sonaría esta poesía en tus labios.
Tan frío, tan pasivo, tan inerte.

Como si, ni un río de sentimientos pudiesen abatirte,
como si el reflejo del dolor, solo pudiesen despertar en ti,
la representación y el engaño.
Así es tu recuerdo. Así te recuerdo yo.

Cómo es el tiempo, que hace y deshace y cuando quiere,
en otra parte,
rehace.

Cómo es la mente que muere, antes de olvidar todo lo que hizo,
lo que le hicieron.
Y cómo alguien en un momento decidió, y con ello,
deshizo.

Fuerte es el secreto y fuerte el amante que lo custodia.

<u>**La cura perdida**</u>

Transparentes eran las aguas,
y nunca hallé el fondo.

Vi también el final del camino,
y no fue más que una curva que hacía,
para continuar.
Y siendo de noche, creí ver la luz del día.
Creí en el amor, creí en la gente,
y solo hallé una caja vacía,
que sin vida yacía,
en el fondo del mar.

Retrocedí cuando fallé,
y dejé que otros avanzasen,
dejándome ver,
sola y perdida.

Se me fue abriendo una herida,
y no encontré una cura.

La buscaré,
¿La encontraré algún día?

<u>La sabiduría es la meta</u>

Cuando el tiempo exprese clara su intención,
cuando el olvido nazca como un amanecer.
Cuando el cambio del espacio desoriente al corazón.
Cuando el paso de la vida te haya obligado a envejecer;
entenderás por qué las rosas se marchitan
y entenderás por qué para morir,
antes, se ha de nacer.

Siente la caricia de un beso que se desvanece,
porque abres los ojos en un día que ha de comenzar,
o porque el amor en la tierra envejece.

Cuando los hermosos pétalos de una rosa veas secar,
no llores por lo que fue.
Porque mientras, si no, los que son hoy,
se desvanecen.
Y entonces todos los días querrás llorar
en vez de apreciar, lo que ayer se enterró
y que hoy florece.

Cuando al mes de abril, veas pasar
y comiences a sentir, que necesitas marchar.
Toma lo que dejarías,
y no lo dejes pasar.
Pues es también un tren que marcha,
y que mañana no estará.

Si alguien se marchó de tu lado,
piensa en si el sitio que le dejaste fue el mejor,
porque nadie se marcha sin más
de donde recibe calor.

Si en una frase se resumiese,
tal vez el tiempo quisiese hablar,
si un sonido le robase al silencio
su paz.

Es lo mismo en mi corazón,
donde el sol dejó ya de calentar.
Para ser un frío susurro,
encadenado a algo sin sentido,
y sintiéndose fatal.

Desahoga su tristeza en un corto llanto,
desahoga su felicidad con una tímida sonrisa.
Se esconde todo el tiempo,
porque le falta la sabiduría
que tal vez dé la edad.

Me he vestido con ropas anchas,
para que brille hoy
solo mi sonrisa.

He tapado mi corazón para que hoy
no sea el protagonista.

Cambié mi traje de enamorar
por las túnicas del saber esperar.
Pues me enamoré del amor,
y no encuentro quien lo vea igual que yo.
Y es normal, es igual que esperar a que dos
escriban en el mundo el mismo verso.

Perdí unos labios una madrugada,
sería como encontrar en otros,
su beso.

Salí a despedir esta mañana a algunos amigos
que me han fallado últimamente.
Los despedí y al llegar,
muchos tuvieron pegas, repentinamente.
Yo sonreí y dije:
No te preocupes, iré a verte.
Lo que no dije es en cuánto tiempo,
eso se lo dejé a la suerte.
Y no quise discutirlo más,
eso hacemos los valientes.

No se discute al que te dio algo valioso,

aunque luego lo enturbiase con sus actos.
Sin embargo, hay caminos que concluyen
Para poder seguir avanzando.

El tiempo dibuja con sus manos un arcoiris,
que se mostrará tan solo al mundo,
Cuando todo el mundo esté contento.

Me he borrado las lágrimas hoy,
quiero que si llora el cielo,
y el arcoiris aún se esconde, no sea mía culpa.

Dejo atrás a todo aquel que me dejó a mí en algún momento,
para que todos sonriamos esperando en el tiempo,
cuando el arcoiris se muestre deslumbrante
y todo sea perfecto.

¿Y a ti amor secreto, inerte y enterrado?
¿A ti a dónde te acompaño a despedirte?
Si te despido y te reclamo
en mi memoria,
como a un fantasma del pasado.
Si me repites una y mil veces
que no te hace falta ser acompañado,
que no te hace falta que te despida.
Pues siempre fuiste más vacío que sobrado.

Te apartaré pues,
hasta que el tiempo y mi memoria
hagan del todo su trabajo.

Parto de cero entonces,
con los deberes trabajados,
sin cabos sueltos ni ataduras,
sin lo único que a todo el mundo frena, limita y retiene;
El pasado.

<u>**"Más sabe el diablo por viejo, que por diablo"**</u>

Le dije al tiempo una verdad
"que había sentido su frío una madrugada"
tiempo atrás.

Sus segundos más profundos
se fijaron en mis ojos aún desnudos.
Y entonces muy serio me lo dijo:
"¿Solo eso?, ¿Es que no aprendiste nada?,
Hay dolor también en el corazón del que ahora ama."

Y dejó caer en mí, su verdad más absoluta.
Pues en el corazón de cada lágrima
hubo siempre una palabra escrita.

Cada cicatriz ahora borraba,
una vieja herida mía.

Y sin eso en mí,
en mí ¿que habría?.
Solo sonrisas vacías...

Pues fue en mitad del invierno cuando valoré el calor.

Y fue en mitad de la noche, donde valoré la luz del sol.

Crecí, cuando entendí
que ya no había momento para ser inocente y pequeño.
Y luché por ver el cielo,
cuando estaba reclusa, en el peor de los infiernos.
Eché de menos el amor,
cuando no hubo amante que ahogase en mis labios
un beso.

Las ansias innatas en el hombre por volar,

me hicieron crecer entre locura y pasión.
Pero no entendí lo que era compartir y amar,
hasta que me dolió el corazón.

Si la vida hubiese pasado ante mí cálida,
soleada, fácil e inocente...
En mí ¿Qué habría hoy?.
No habría superación,
no habría motivos para mi vida.
El alma se hallaría fríamente vacía,
al no haberme dado el tiempo
el regalo
de "la sabiduría".

*La vida no es esperar a ver si te toca todo lo que querías,
es valorar lo que se te ha dado, sin haberlo siquiera imaginado.*

<u>Mereció la pena</u>

La noche es serena,
y la luna clara.

El aire silba,
y lejos de tí,
el mar te aclama.
El reloj, siguió con su canción.
Y debajo de tí,
te abraza la cama.

Y el suelo sigue donde estaba,
dime entonces ¿Qué te impide dormir?

¿Qué te desconsuela, para que no te sientas feliz?

¿Por qué las lágrimas una vez,
de vez en cuando, resbalan
para cicatrizar tu cicatriz?

Si no peleaste batallas,
donde solo se respiraba miedo a morir.

Si jamás has conocido horror tal,
Ni una guerra civil.

¿Es porque el tiempo nos ha hecho débiles?
¿Es el propio miedo a sufrir?

Pues yo tengo consuelo,
y es aquella sonrisa
que esconde un matiz.

La esperanza de los que te valoran,
que te regalan sus ganas,
para que puedas reír.

Es ese cobijo que buscas,
para esconderte entre las sábanas,
de tus propias ganas de vivir.

Dime entonces, si tienes esto
¿Por qué buscas abrigo en la poesía?
¿Qué te trajo hasta aquí?

Te trajo sin duda un camino,
un escrito…
Una historia que debes seguir.

Es el eterno sentimiento humano,
de siempre sentirse incompleto
para acabar mirando atrás, y decir:

Que aprendió mucho y sufrió más,
pero mereció la pena vivir.

<u>Mi barco</u>

Éstas ansiadas ganas de libertad
que me empiezan a quemar tan dentro…
que me siento soñar,
en una cárcel hecha por el tiempo.

Necesito huir, necesito echar a volar,
necesito la compañía
que te presta la soledad.

Construyo cada día un barco de papel,
intento que navegue,
para que se lleve,
mis esperanzas con él.
Pero no navega y se hunde,
y yo lo saco,
porque solo, no resurge.

Y me siento como él.
Navegando en el mundo,
que no fue pensado para vivir.
Un mundo que te cala y te confunde,
te desespera y te infunde,
falsas ganas de seguir.

<u>Mi pieza de barro</u>

Dibujé con mis manos
una pieza de barro.

Y fue mía,
sin importar por cuantos años.
Y sin más de pronto un día,
ya no estaba donde la había dejado.
Pues supe que se había marchado
donde nadie la encontraría.
Y es todavía en este día,
que la sigo buscando.

La sigo buscando sin mirar
donde nunca había mirado.
La busco en cada momento
en que adiviné que me dejaría.
Y eso, que no pasó un día
en el que no prometía,
que siempre estaría a mi lado.

Yo fui las manos,
fui la determinación,
fui la certeza,
de que nadie la haría mejor.
Y ahora soy la hostilidad,
y la cara del dolor.

Nunca quise verla rota
y fue en mis manos que murió.
Cuando se vieron portando un lamento,
en vez de amor.

Murió sobre mi pecho,
cuando una lágrima se precipitó,
y murió en mi vida,
cuando desapareció.

En cambio
vive todavía,
en donde por primera vez un día,
se me ocurrió.

<u>Mujeres</u>

Supe cuando te volví a ver
que ya te habías hecho casa en mí.
Supe que me vería caer,
cuando estando en sus labios,
no pensaras ya en mí.

Supe antes de caer
que te amaría de por vida.
Supe que aun no queriéndote volver a ver,
te vería cada día.
Encerrado en mis sueños,
como un fantasma de mi ayer.
Repitiéndome una y otra vez
"lo hice,
pero te quería".

No vacilé al señalar tu partida.
Sabiendo que me acordaría,
al menos una vez al día,
de cualquier mes…

Te dejé marchar impasible,
inundada por la ira.
Apoyo la decisión que tomé,
aun sabiendo que sufriría.

Podría ser que te llorase,
que te llorase incansable
hasta quedarme vacía,
pero sé
que aun por cien años que pasasen,

no me arrepentiría.

Te eché de mí ese día,
y mil cincuenta más,
cuando apareces en mi mente,
a escondidas.

Soy fuerte porque soy mujer.
Y porque soy mujer soy comprensiva.
Y tendré que luchar más que tú,
que ya tendrás compañía.

La que es mujer de verdad,
cuando ama, más que amar regala,
toda su vida.

Protegemos la familia y lo que es nuestro.
Y cuando lo defendido ha de darse por muerto,
nos sentimos abatidas.
Sintiendo un dolor tan fuerte en el pecho,
que jamás volvemos a ser las mismas.
Lloramos a escondidas, o con una amiga.
Tardamos más,
pero cuando rehacemos la vida,
no vuelve a haber cabida,
para la mentira.

Para olvidar viejas fantasías,
a veces es necesario soñar con cosas nuevas.

<u>**Nosotros mismos**</u>

Has visto caer ante tus pies,
batallones que defendían todos esos sueños rotos...

Te he visto caerte y levantarte,
sin llamar la atención de nadie.

Y has reprimido llantos, cuando había
ganas de llorar ríos,
que diesen a parar al mar.

Y pese a que te han dicho cosas malas,
tú nunca has ido a herir, ni a arañar.

Has hecho oídos sordos y nada más.

¿Y te preguntas, yo qué pienso?

Que eres más fuerte de lo que jamás reconocerás.
Que debes amarte fuerte,
por si no lo hacen los demás.
Y que no te importe los que piensen mal,
pues muchos lo harán
porque te ven como yo,
como una hermosa luz, igual.

Pero debo decirte una verdad,
Y es, que de entre todas,
las peores críticas,
te las hiciste tú.

<u>Ojalá tuviese un casco</u>

Ojalá tuviese un casco
que me protegiese del golpe.
Ojalá pudiese llorar dentro de él,
sin que nadie me viese.
Ojalá mis labios no recordasen más tu nombre.

Ojalá pudiese guardar felicidad dentro de un tarro
y que nunca se perdiese,
para poder destaparlo
siempre que pensase:
"Ojalá tuviese un casco…"

"Sé algo positivo en la vida de los demás, y retírate a tiempo,
si ya no tienes nada bueno que ofrecer"

<u>Sin dudas</u>

Tengo una y mil dudas
y una a una
se muestran desnudas
como poesía
que pasa sus días
bien escondida,
bajo los sueños,
de un colchón.

Poesía que sólo
sale de noche
derrochando libre
sus versos
por la habitación.

Poesía que vive
tan dentro de uno,
que no se regala
como si nada,
por equivocación.

Si me arriesgo
y no aprendo,
a callar lo que siento,
es porque pienso
que aunque las dudas digan,
sin más algún día, serán mentiras.
Y esto saldrá sin dudas, mejor.

<u>Sueño</u>

Si entre las ramas de un árbol
se escondiese un registro musical…

Sé sin dudarlo que esa nota,
sería tu voz.

No te conozco,
tan solo te intuyo.
No puedo verte,
solo sentir tu calor.
¡Qué eres?
Eres eso que me define.
Que encamina al ser humano.
Eres algo que sin tenerte
ya haces feliz.

Eres esperanza,
eres refugio en los viajes emprendidos
eres anhelo.

Yo sé cuál es tu nombre,
te llamas ›Sueño‹,
y me perteneces.
Me robaste una fría mañana
de abril
un beso.
Te hiciste refugio en mí.
Desde la piel,
y más adentro.
Anidando ésta euforia,
y ésta pena al mismo tiempo.

Me pides que me desnude de mis peros,
que los entierre,
que me deshaga de ellos.
Y yo lloro,
porque yo sigo vestida,
y tú sigues tan lejos…

No comprendo por qué
te muestras tan inalcanzable,
y yo tan limitada.

Seguirás siempre en mí,
aunque nadie más que yo pueda verte.

Y los dos lamentaremos mi pena.
La de no tenerte.

Y es que mientras esté el miedo conmigo,
tengo prohibido alcanzarte.

No le prefiero a él,
te prefiero a ti sin duda,
pero me tiene amarrada y sin fortuna.
Supongo que mientras me tenga y le tenga conmigo,
no podré verte.
Yo no hablaré de ti,
y nadie podrá conocerte.

No lloraré lo que nunca tuve,

no viviré en el sueño, donde nunca estuve

<u>Tan solo yo misma</u>

Llovía al otro lado del cristal,
mi café humeaba entre mis manos.
En un intento de sentirme mal
solo me encontré, respirando
bien profunda mi libertad.

Una sonrisa asomaba entre mis labios,
y en medio de un latido,
una luz en mi mirada
asomó despacio.

¿Y si el miedo me nublase mi momento?

No pude responder a eso,
estaba ocupada, sonriendo.

¿Y si el frío de fuera quisiera helarme el alma?

No pude responder a eso,
como digo, insisto,
estaba ocupada.

¿Qué me hacía feliz?
Extrañamente, no era nada.

No era un amor,
no era un poema,
no era un amigo,
tan solo era yo.
Me había recuperado a mí misma.

Analicé en un duro día
mis errores.
Me enfadé y peleé.
Insisto, conmigo misma.

Pero por fin me había perdonado,
me acepté, me consolé y me curé mi herida.

Esta vez era muy distinta,
no buscaba una buena palabra,
No buscaba ya el consuelo,
que nunca existió,
nunca.

<u>Tu niño</u>

Dentro de cada uno de nosotros, hay un niño indefenso.
Un niño asustado y puro.

Cuídalo y mímalo mucho,
regálale la comprensión que crees que tantas veces te faltó.
No contribuyas a las críticas de los demás,
ni generes las que más duelen; las tuyas propias.

Acepta y defiende esa pequeña parte de tí,
que aún se asusta, se ríe y llora.

Protégelo y déjalo crecer.
Y cuando tu niño interior esté preparado,
muéstralo al mundo.

Será entonces,
cuando más de una persona
sepa ver en él, todo aquello
que te hace único.

Lo increíble del mundo es que esté habitado por millones de personas, y cada uno sea un mundo aparte y puramente único.

<u>**Un mar sin sal**</u>

Si todo ha sido oscuridad en algún momento,
si las lágrimas fueron la única salida
que el tiempo nos dejó.

Si toda nuestra vida fue un error,
Y hasta la alegría,
ni siquiera sonreía
cuando se marchó.

Si en algún momento nos faltó la paz,
y solos en silencio,
sólo quisimos llorar.
Arrancarnos del pecho cualquier sentimiento,
y decir las cosas sin pensar.

Si hoy casi siempre hay luz,
si hoy tenemos algo por lo que luchar,
es porque en esa lucha,
te encontré en el mar,
y tú a mi
en una playa sin sal.

Si no supimos vernos,
es porque no supimos mirar.
Si el tiempo ya no nos ahoga,
es porque aprendimos juntos,
a respirar.

Si hoy ya no nos buscamos,
es porque nos encontramos
por casualidad.

Quiero ver siempre,

si me alumbras tú.
Quiero ser el suspiro
que terminó con todo llanto.
Que dio paso a la paz y al desahogo.
Quiero que seas el abrazo
que tanto necesité,
tanto.

Quiero ser siempre quien te salvó de tus días,
y no quien te encierre en ellos.
No quiero ser tu soledad,
nací para ser tu compañía.

Háblame siempre que quieras,
soy tu boca y tus oídos.
Hablaré con tu boca,
sabiendo que me escucha
mi mejor amigo.

Aférrame tanto a ti,
que el silencio al escucharnos respirar
escuche solo a uno…
Y en ese engaño nos perdamos
hasta querernos encontrar…
Como se encuentran los amantes
en una noche sin luna,
con un mar sin sal

<u>Y lo fuerte que eres</u>

¿Dónde vas gacela triste?
¿Dónde estaba el sueño que perdiste?

En tu mano estaba ¿Verdad?.
Yo lo ví allí, la última vez,
tú en cambio despistada
contemplas el mar.

Y tus ojos suplicaban...
"Algún día se hará realidad"

Te acompañaba ese día,
la sombra del desengaño.
A la cual le prestabas tanto tiempo
tu otra mano.

¿Por qué no lo tienes ahora tomado?
¿Ahora dónde está?
¿Por qué lo culpas tanto?
Es porque no sabes,
las promesas dónde van.

¿Y te preguntas, yo qué pienso?

Yo te admiro.

<u>**Somos poetas**</u>

Pensé alguna vez en vaciarme por dentro,
en vertir mis ganas, sobre todo aquel que escucha,
sobre todo aquel que ama.
Pero me quedé como el que toma un vaso a tiempo,
que casi se derrama.
Pues no hallé a nadie, tan loco, como para fingir bien su cordura.
Nadie escuchaba, y nadie amaba, o no supe vestirme de lo que todos
llevaban.

Si puedes sentirme hoy tú,
Que tan atento lees las gotas que escaparon,
antes
de ser frenadas.
Si alguna vez te sentiste tan solo como yo,
entre tus profundos sentimientos que callabas,
para que nadie en ti encontrara,
un loco enamorado,
de lo que nadie entiende,
por donde todos pasan;
Del frenesí, que es la vida.

Que te encauza, te frena, te empuja y te desarma...

Si solo tú, sabes de lo que hablo,
ya me basta.

Escribimos o leemos
porque nos lo pide el alma,
porque no entendemos la belleza de la vida,
si nadie la comenta, y si al comentarla,
nadie la escuchara.

Mójate los labios con tu mundo de locura,
vuélvete loco,
para fingir guardar la compostura.

Desata la batalla más profunda,
entre tu cuerpo y tú,
y deja que gane el alma.

Baila en la noche, (mientras todos duermen) con las palabras.
Ríe solo, no pasa nada.
Nadie entenderá por qué,
porque los cuerdos no entienden lo que pasa.

Dentro de tí hay un amigo,
que se divierte, y te levanta
cuando algo salió mal,
y te hace llorar, para aliviar lo que te pasa.

Escribe en tu cuaderno,
y tu paso por la vida, quedará por siempre,
en alguna parte de esta casa.

No tengas miedo a ser quien eres,
porque si la vida es bella,
cuánto no serán las raíces que echó hacia el alba.

Acéptalo,
somos poetas, porque la poesía un día, resbaló por nuestras caras,
hasta grabarse en nuestras páginas,
mojando nuestras ganas.

El que es poeta, es poeta, si siempre lleva hojas en blanco en su maleta.

Autora: Cristina Vizuete Villegas